GALERIE GEORGES PETIT
8, RUE DE SÈZE, 8

SOCIÉTÉ INTERNATIONALE

DE

PEINTRES ET SCULPTEURS

Première Exposition

1882

CATALOGUE

PARIS

IMPRIMERIE DE A. QUANTIN

7, RUE SAINT-BENOIT, 7

M DCCC LXXXII

COMITÉ :

J. BÉRAUD.
R. de EGUSQUIZA.
J. JACQUET.
E. TOFANO.

MEMBRES DE LA SOCIÉTÉ :

BASTIEN LEPAGE
BÉRAUD
BOLDINI
CAZIN
COURTOIS
DAGNAN
DUEZ
EDELFELT
EGUSQUIZA
ÉPINAY (D')
GEMITO
GONZALEZ
JACQUET
LIEBERMANN
RIBERA
ROSSANO
SAINT-MARCEAUX
SARGENT
STEWART
STOTT
TOFANO
VAN BEERS

BASTIEN LEPAGE

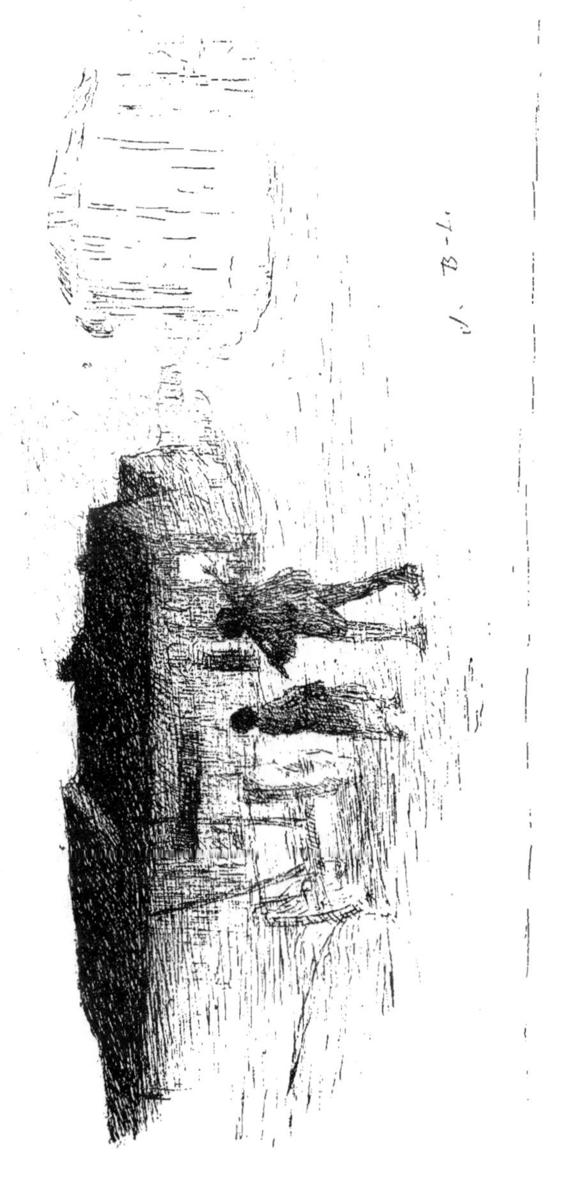

BÉRAUD (Jean)

13. rue Washington.

---

7. — Sortie de l'Opéra

8. — Les Badauds.

9. — Le Boulevard le soir.

10. — En Été.

11. — La Pluie (éventail).

12. — Portraits. — Pastels.

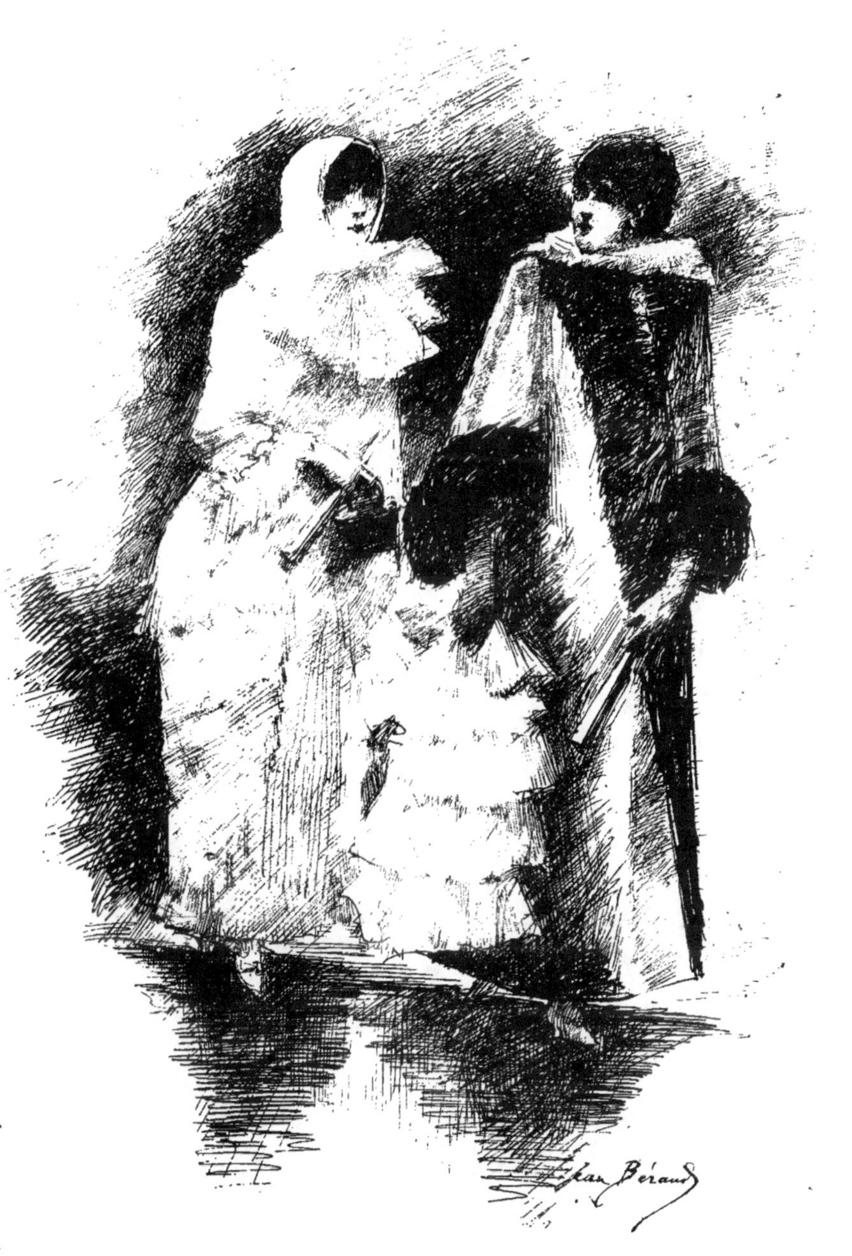

BOLDINI

11, place Pigalle.

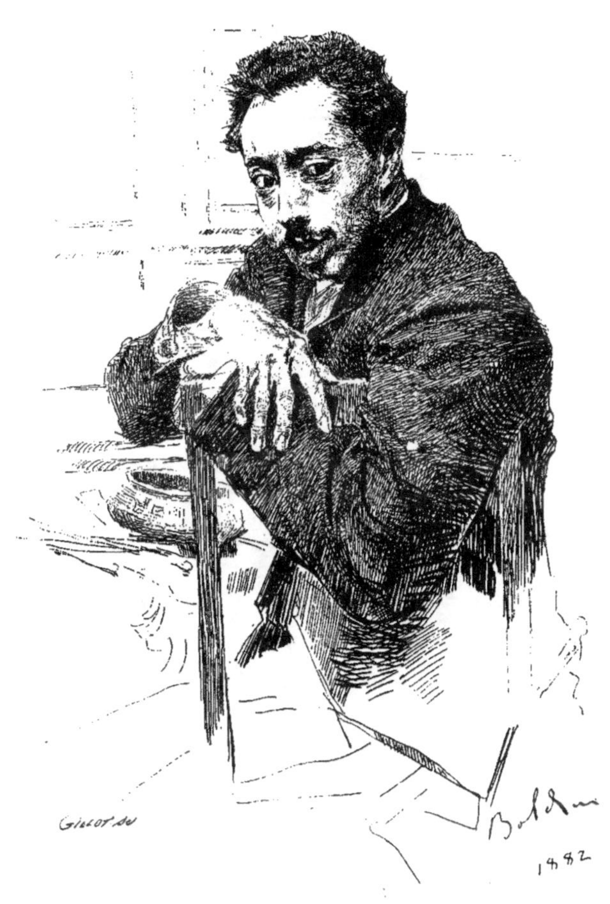
GILLOT sc
Boldini
1882

CAZIN

28, rue Vavin.

———

18. — Temps d'orage.

19. — Nuit étoilée.

20. — Lune de novembre.

21. — Nuit bleue.

22. — Nouvelle lune.

23. — Ferme isolée.

24. — Un Village.

25. — Terres cultivées.

26. — Le Seigle.

27 — Le Blé.

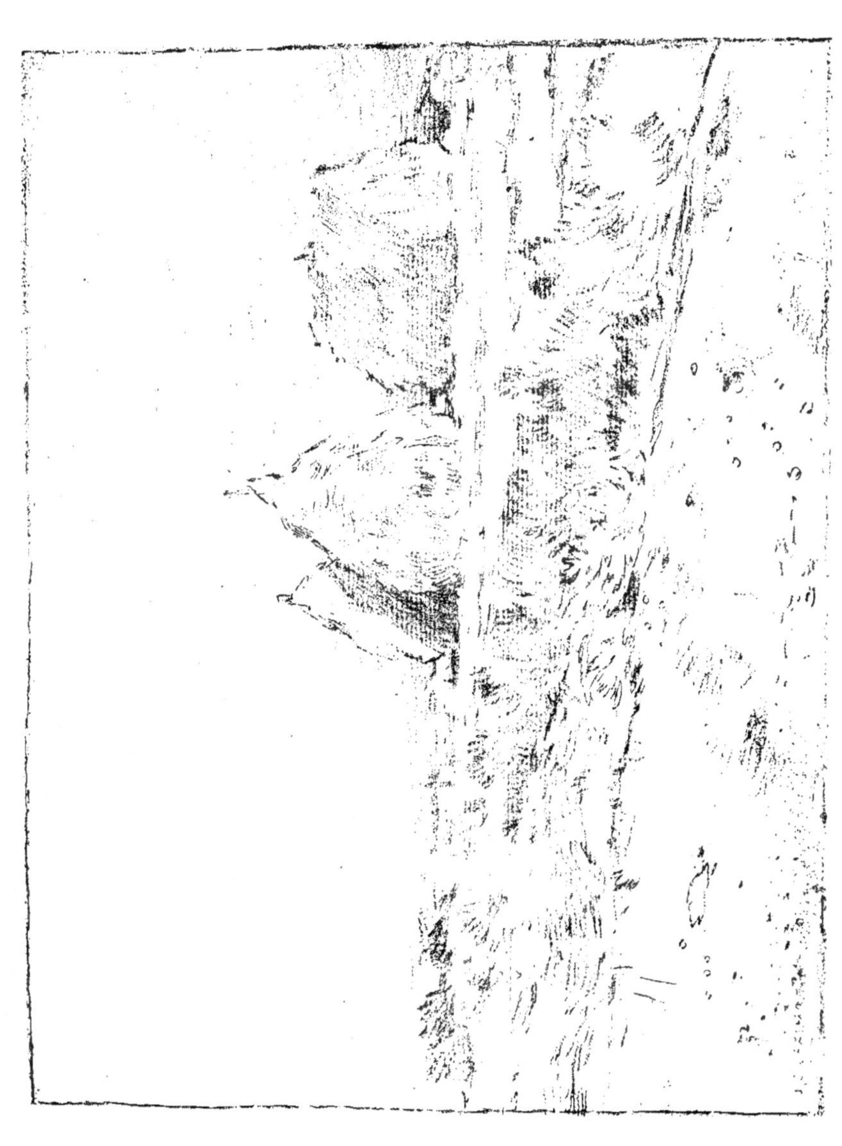

COURTOIS (Gustave)

147, avenue de Villiers.

---

28. — Portrait de Me Alice Regnault.

29. — Portrait de Mme D.

30. — Portrait de Mme L.

31. — Jeune Florentin jouant avec des chats.

32. — Lætitia.

Appartient à M. Tootn.

33. — Parisienne.

Appartient à M. Desfontaines.

34. — Étude de Jardin.

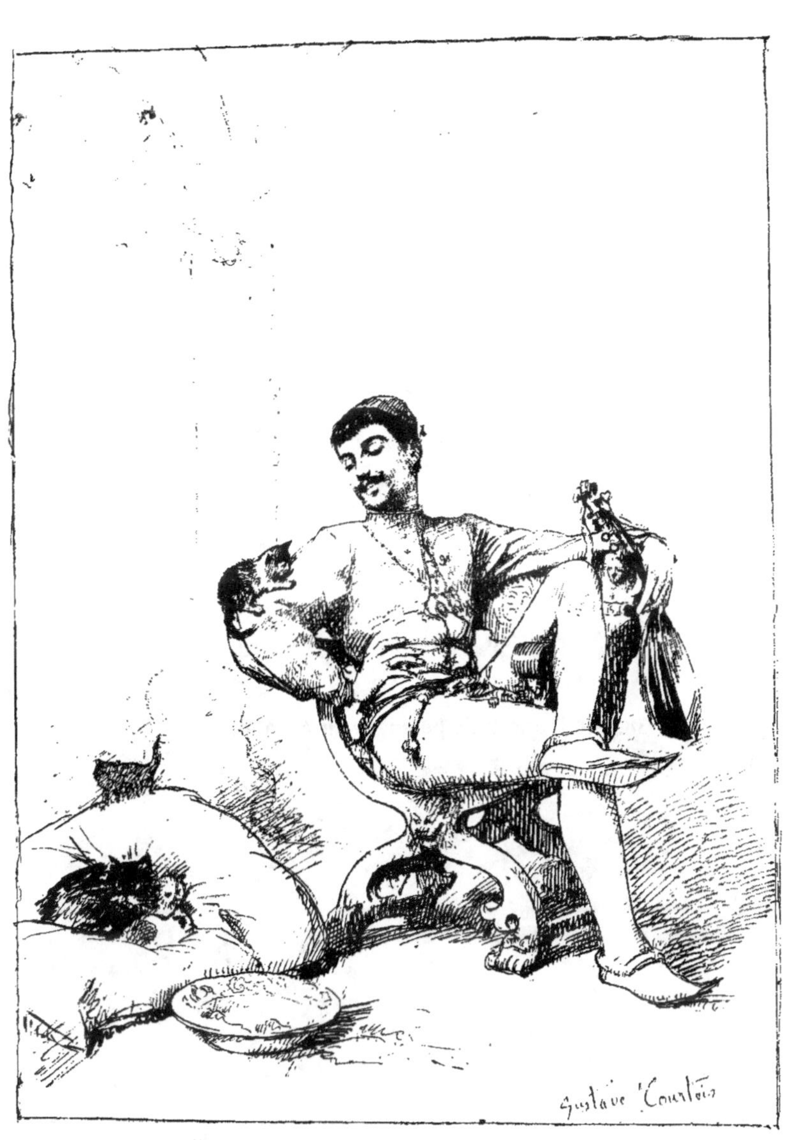
Gustave Courtois

DAGNAN (B.

147, avenue de Villiers.

———

35. — Vaccination.

Appartient à MM. Goupil.

36. — Jeune Femme et son enfant.

Appartient à M. Anœdlen.

37. — Portrait de M. B.

38. — Jeune Fille peignant un éventail.

Appartient à M. Goupil.

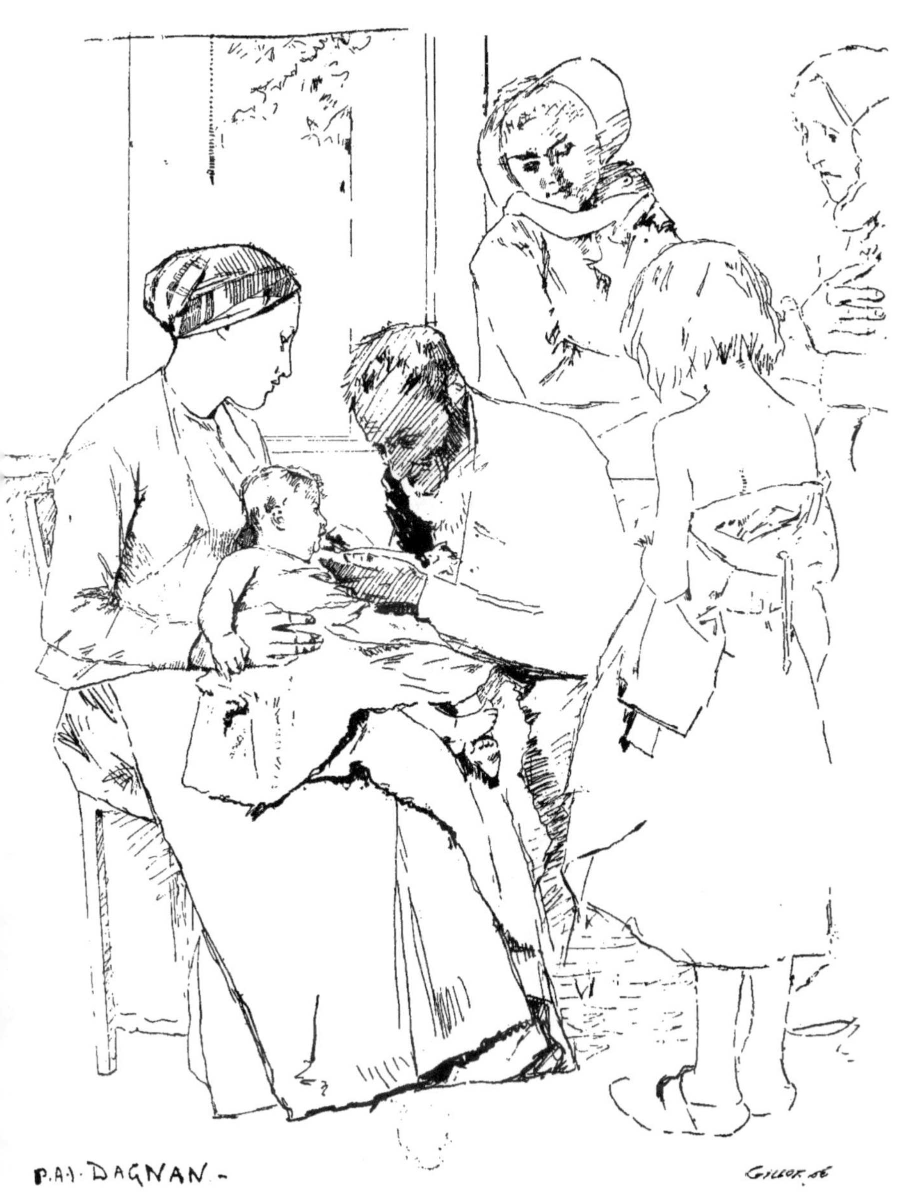

P.-A.-J. DAGNAN -   GILLOT sc

DUEZ

39, boulevard Berthier.

---

39. — La Vieille Pêcheuse.

40. — Le Soir.

41. — La Neige.

42. — Lever de lune.

43. — L'Été.

44. — Rêverie sur l'eau.

45. — L'Orage.

Appartiennent à M. G. Petit.

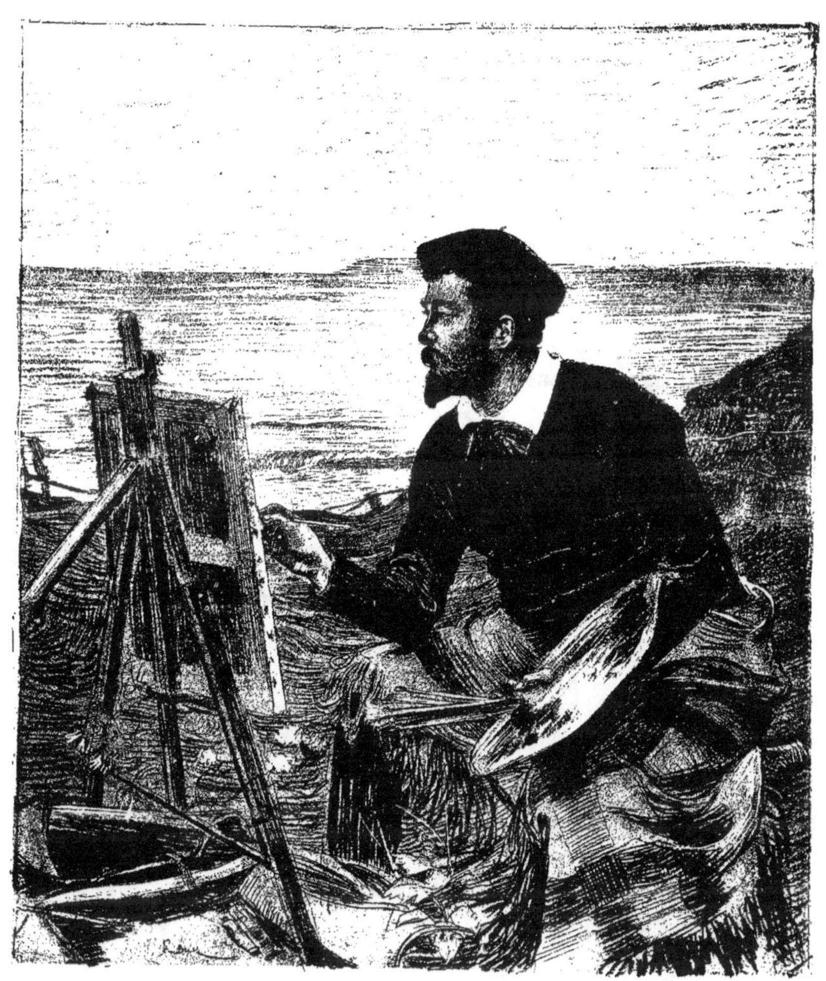

EDELFELT

147, avenue de Villiers.

---

46. — Portrait de Mme de Miatleff.

47. — Sous les bouleaux (Finlande).

Appartient à S. M. l'Impératrice de Russie.

48. — Portrait.

49. — Portrait.

5o. — Étude.

51. — Étude.

Appartient à Mª Alice Regnault.

52. — Intérieur d'une brasserie à Lubeck.

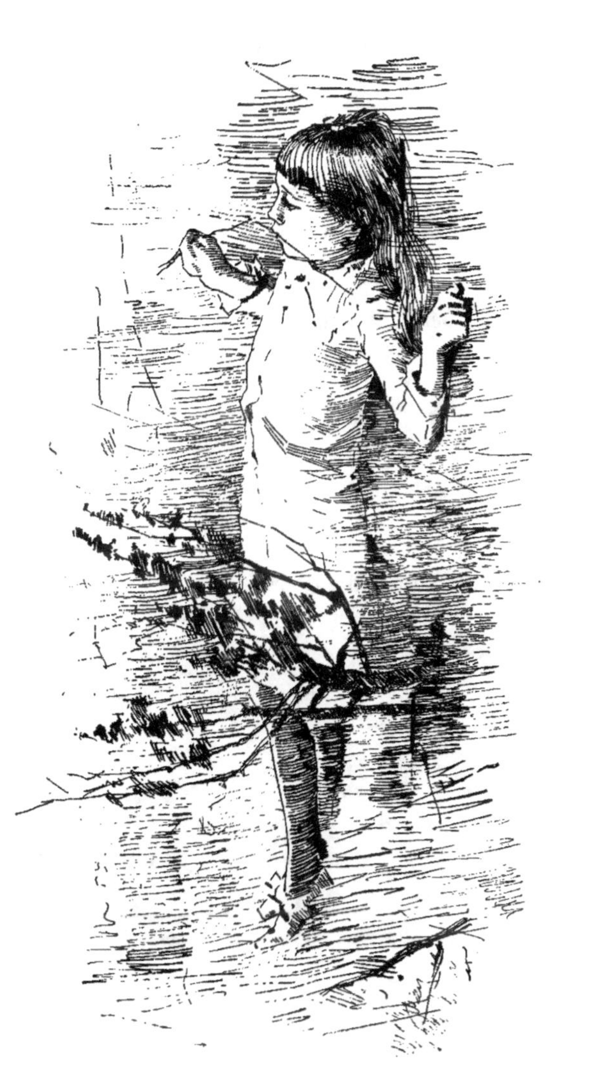

EGUSQUIZA (R. de)

28, rue Copernic.

---

53. — La Dernière Valse.

54. — Les Fiancés.

55. — Hésitation

56. — Portrait de Mme de M.

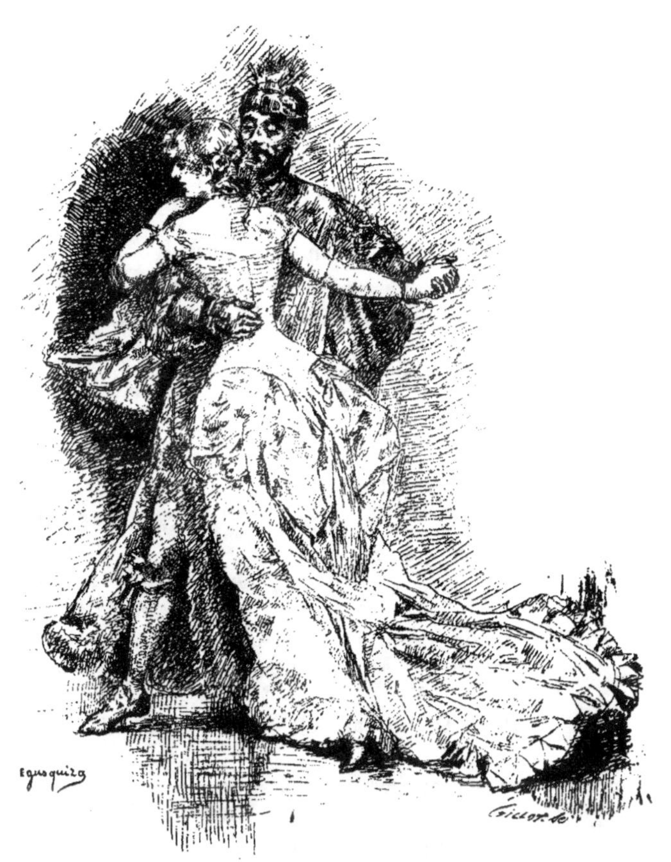

ÉPINAY (D')

Via Sixtina, 57 (Rome), et boulevard Haussmann, 169.

———

57. — Bacchante endormie (marbre).

58. — Le Rêve (statuette en terre cuite).

59. — Méphistophélès (terre cuite).

60. — Tête d'ange (monument de M. Touneley).

61. — Diane de Windsor.

62. — Sir David Barclay.

63. — Toinette (terre cuite).

Appartient à M. Petit.

64. — Toinon (bronze)

Appartient à Mme de La Fontaine.

65. — Albert Wolf (marbre).

66. — Le Sphinx (terre cuite).

67. — Olympia Benivieni (terre cuite).

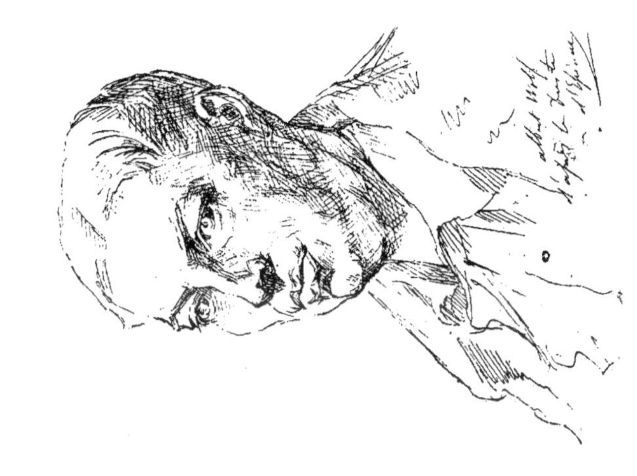

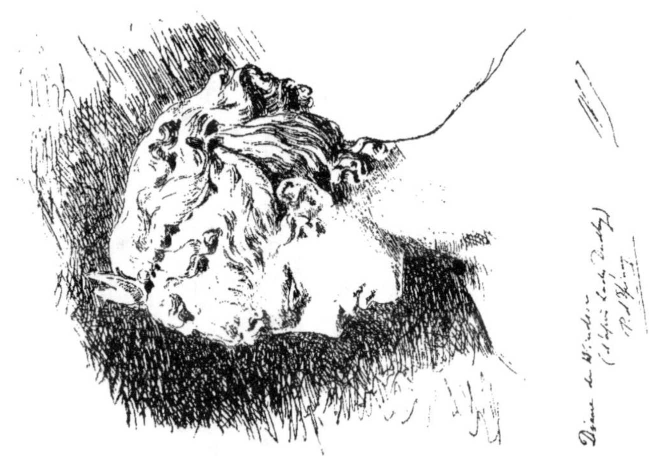

GEMITO

7, rue de Juigné.

---

68. — Un Pêcheur, buste (bronze).

Appartient à M. Landolt.

69. — Porteur d'eau (bronze).

Appartient à M. Stewart.

70. — Femme Empire (bronze).

Appartient M. Stewart.

71. — Tête d'enfant (terre cuite).

Appartient à M. R. de Madrazo.

GONZALEZ

18, rue Brunel.

———

72. — La Visite des grands parents.

73. — La Partie d'échecs.

74. — Les Fleurs.

Appartient à Mme Demandeville.

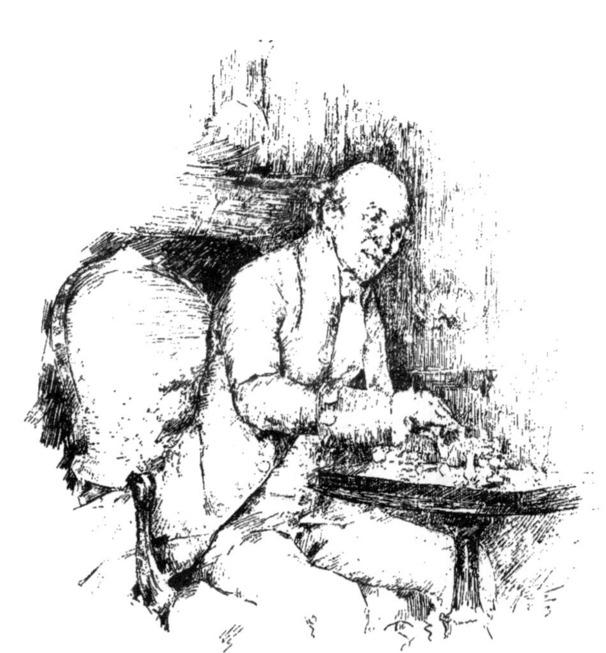

JACQUET (J.)

71, rue de Prony.

---

75. — Bohémienne et Soldat.

76. — Portrait de Mme C.

77. — Portrait de Mlle C.

78. — Portrait de Mme M. de la V.

79. — Portrait de Mlle C. G.

80. — Tête de jeune fille.

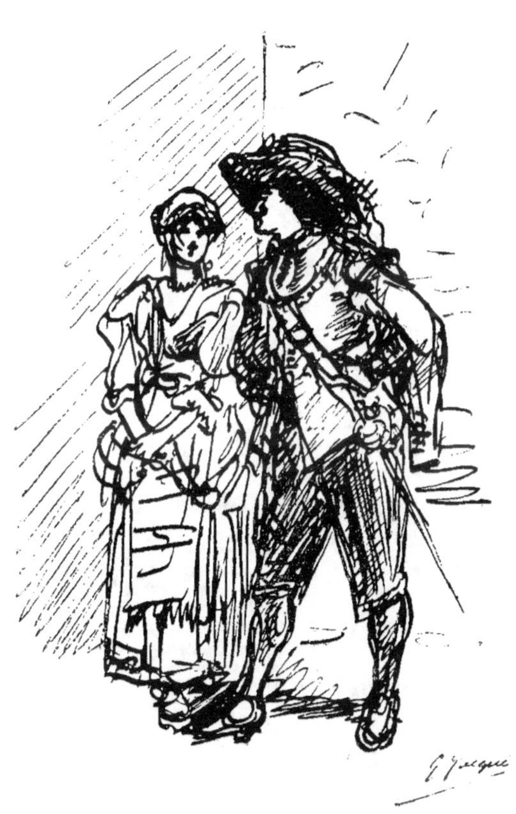

LIEBERMANN (M.)

Landwehrs Strasse 52 (Munich), et 39, rue de Douai.

81. — Le Tisserand.

82. — Enfants jouant aux quatre coins.

83. — Intérieur hollandais.

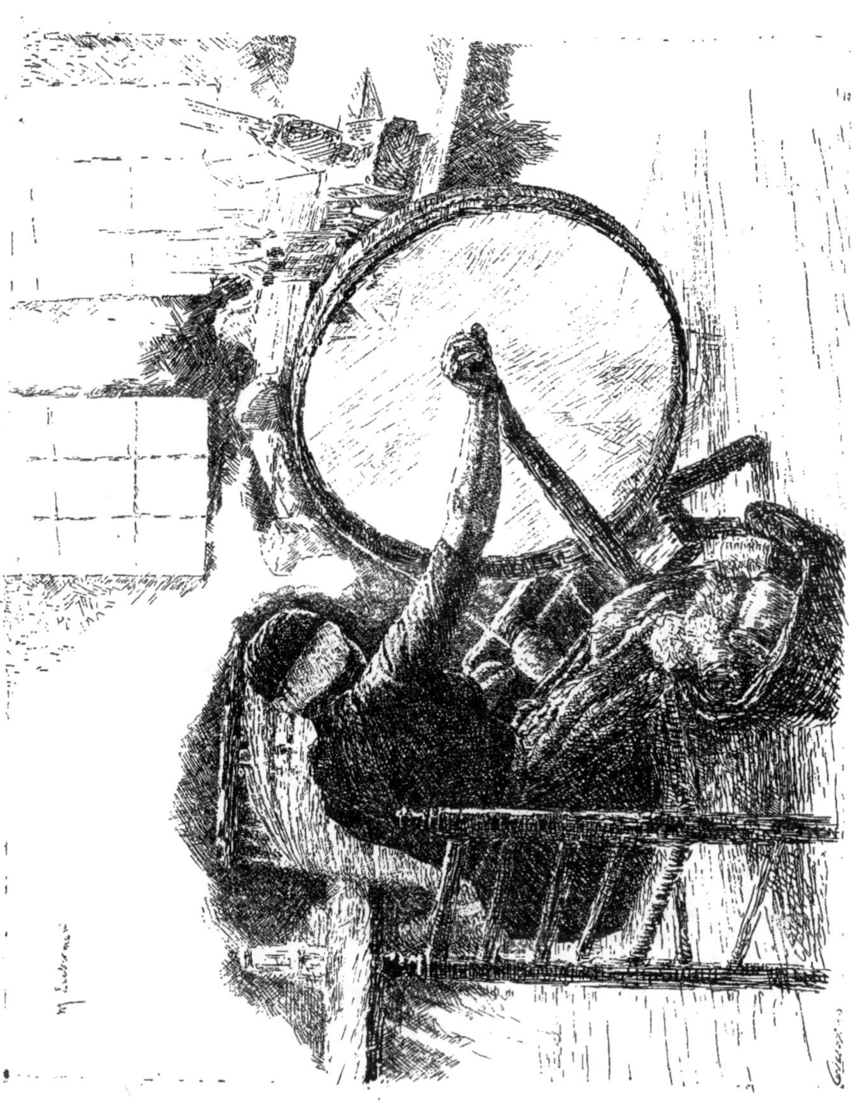

RIBERA (R.)

40, avenue de Wagram.

---

84. — Sortie de Souper.

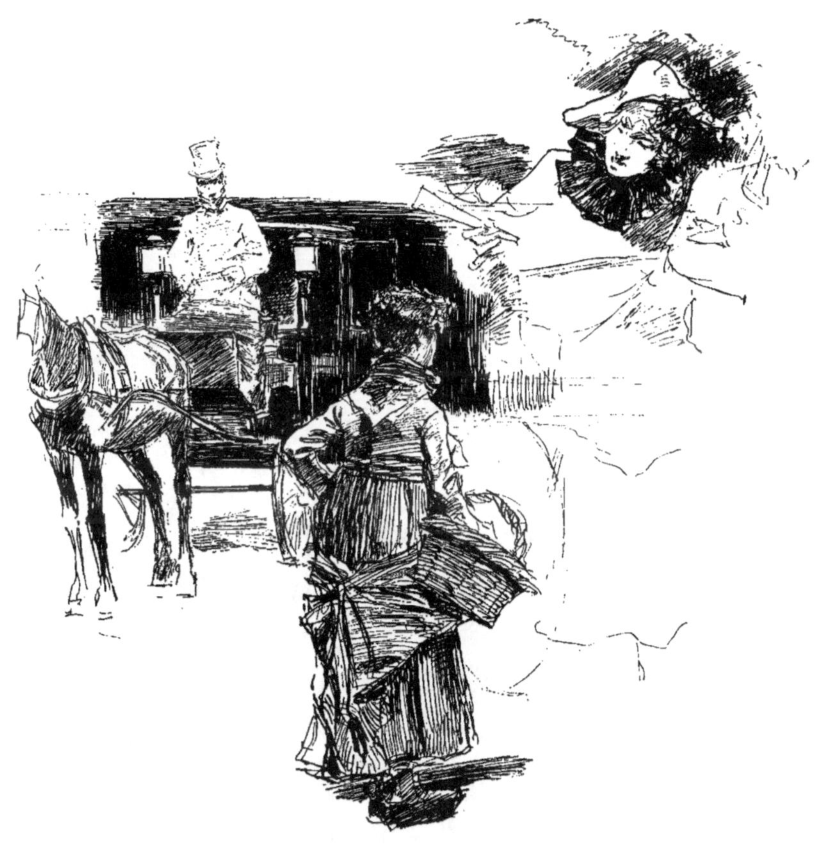

ROSSANO

268, Faubourg Saint-Honoré.

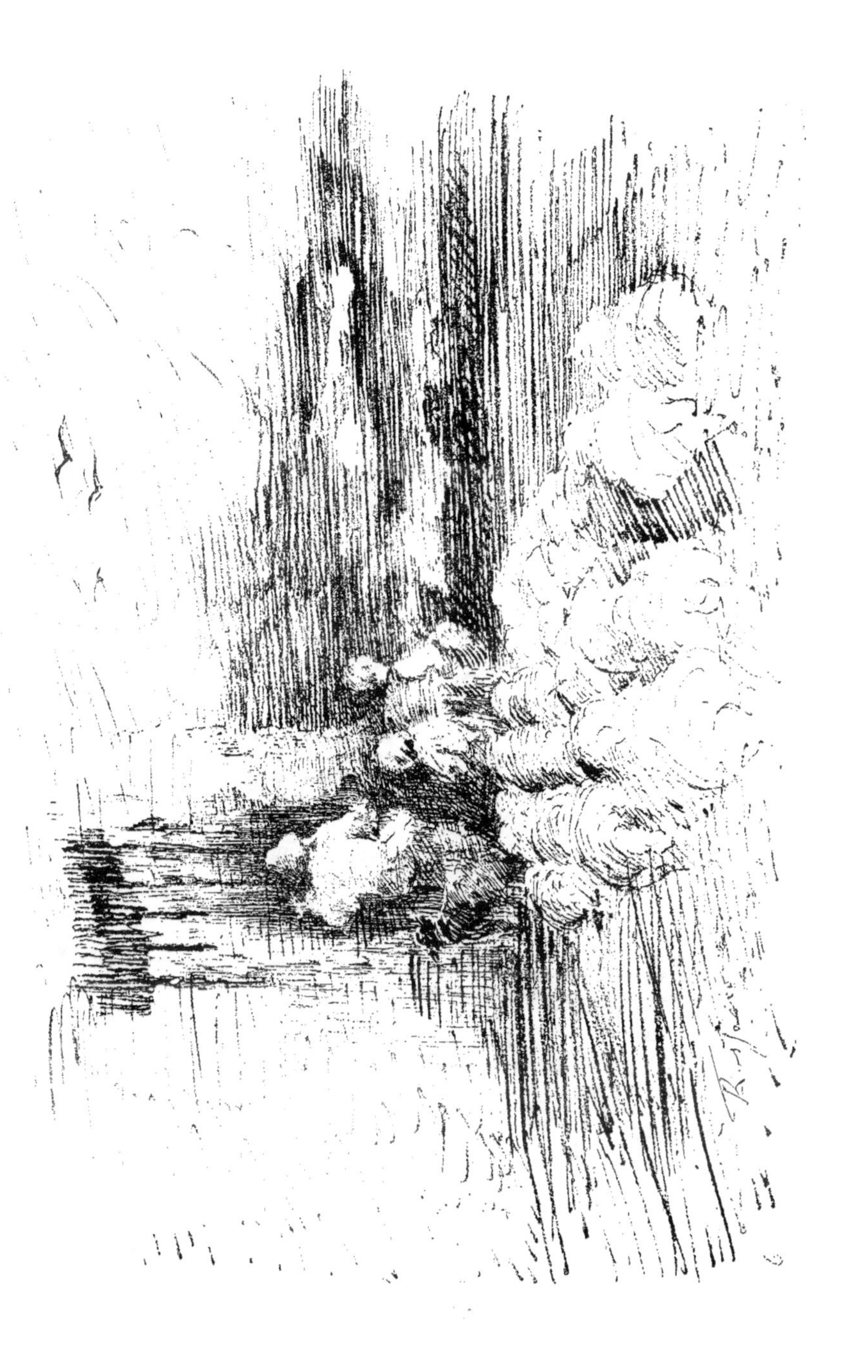

SAINT-MARCEAUX (DE)

23, avenue de Villiers.

———

91. — Basquaise, buste (terre cuite).

Appartient à Madame la baronne Gustave de Rothschild.

92. — Mendiante, buste (terre cuite).

Appartient à M. le vicomte A. de la Panouse.

93. — Enfant, buste terre cuite.

Appartient à M. Carolus Duran.

94. — Rieuse, buste (terre cuite).

Appartient à l'auteur.

SARGENT (John S.)

73, rue Notre-Dame-des-Champs.

---

95. — Portraits d'Enfants.

96. — Intérieur vénitien.

97. — Autre intérieur vénitien.

98. — Sortie d'église.

99. — Une Rue à Venise.

100. — Portrait de Mme A. J.

101. — Pochade. Portrait de Vernon-Lée.

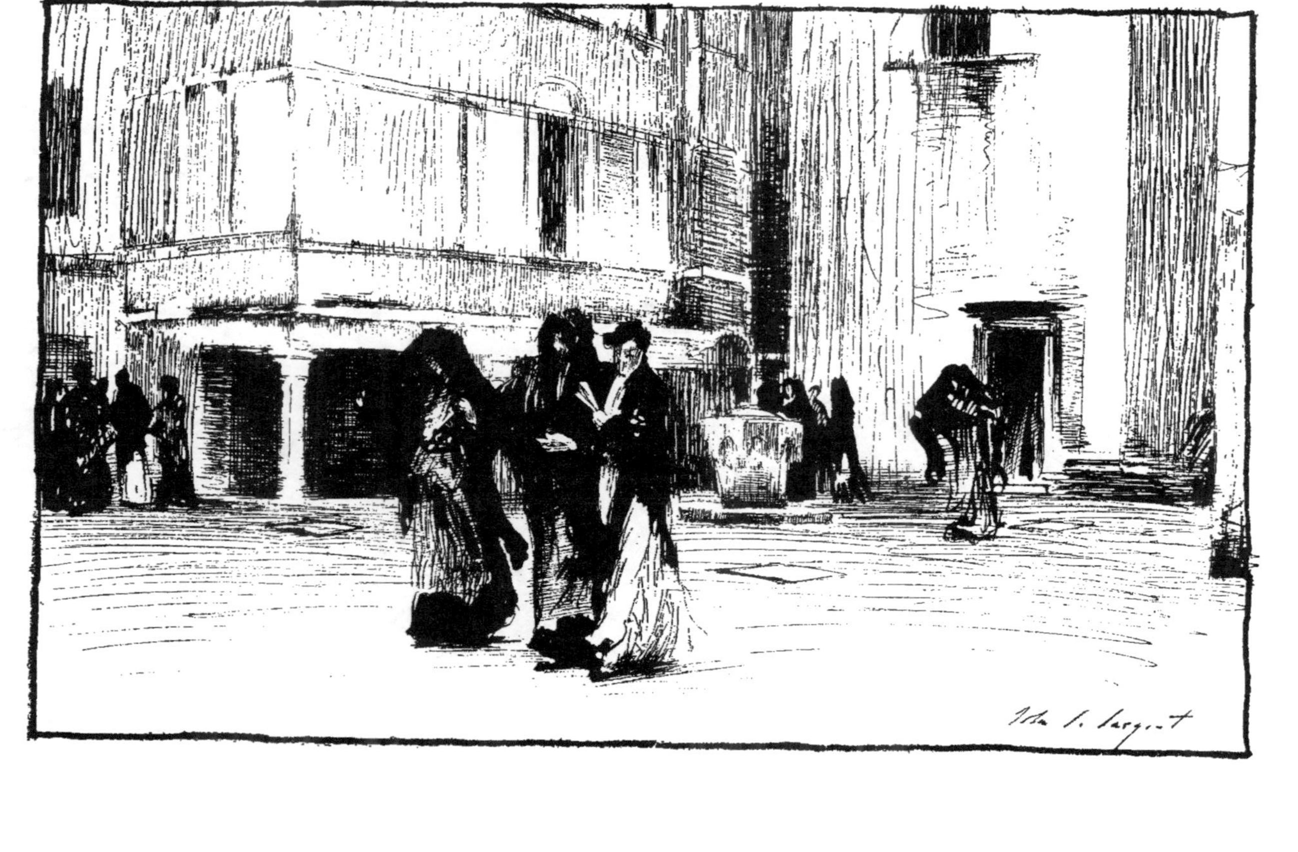
John S. Sargent

STEWART (J.)

32, rue Copernic.

---

102. — Lune de Miel.

Appartient à M. Cornelius Vanderbuilt.

103. — Une Cour au Caire.

104. — Portrait de Mme *** (pastel).

105. — A la Fenêtre.

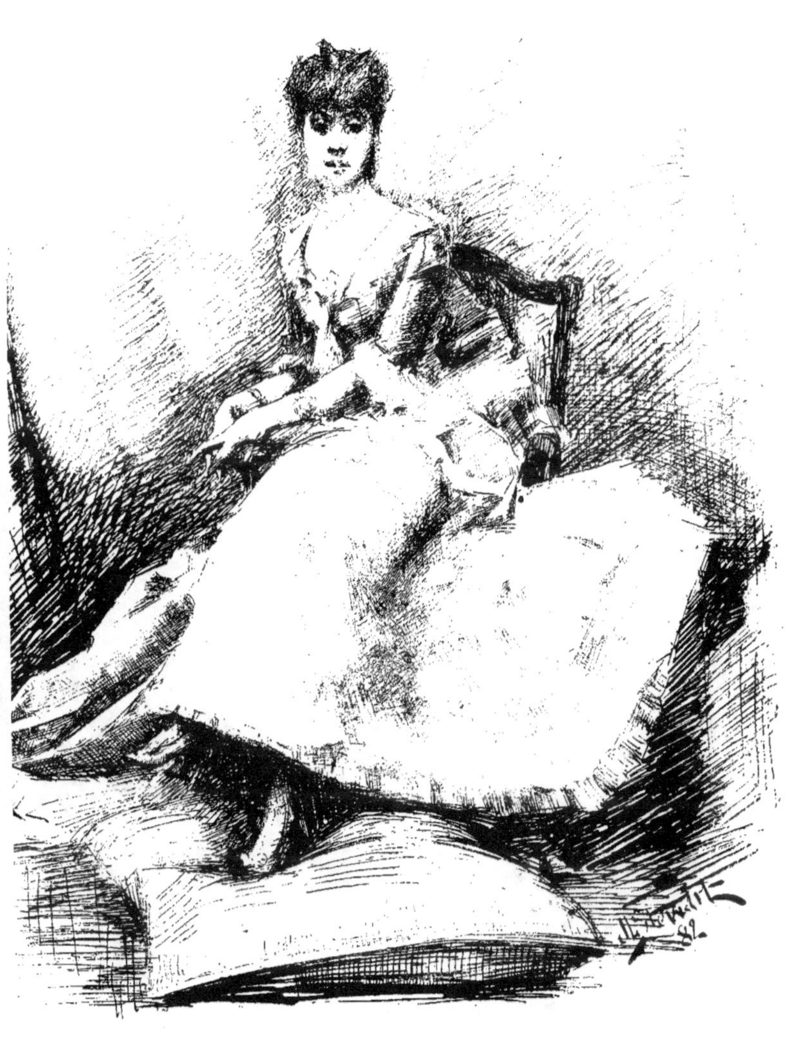

STOT (Will)

4, passage Dulac, rue de Vaugirard.

———

106. — Les Deux Sœurs.

107. — Portrait.

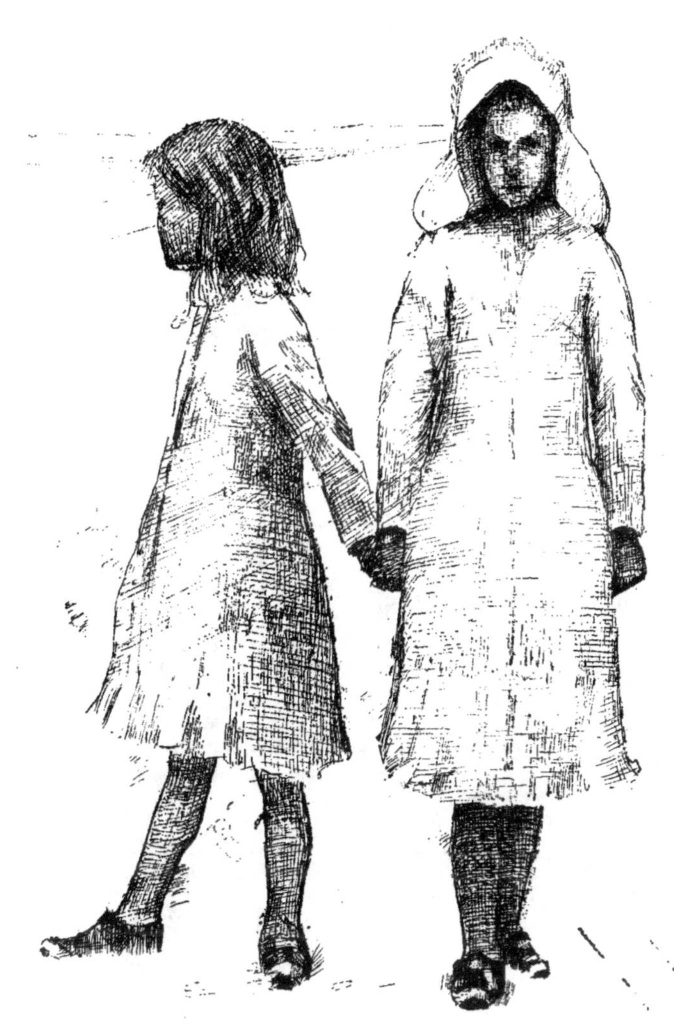

TOFANO (E.)

7, rue de Juigné.

———

108. — En promenade.

Appartient à MM. Goupil et Cᵢₑ.

109. — Amazone.

Appartient à M. Dormeuil.

110. — Sur la terrasse.

Appartient à M. Psicha.

111. — Portrait du docteur Charcot (aquarelle).

Appartient au docteur Charcot.

112. — Portrait de Mᵐᵉ Forbes (aquarelle).

Appartient à M. Forbes.

113. — Fleurs (aquarelle).

Appartient à M. Schlaepfer.

114. — Portrait de **M.** Maglione-Oneto (pastel).

Appartient à M. Maglione.

115. — Portrait de M. Maglione-Chio (pastel).

Appartient à M. Maglione.

116. — Portrait de Mˡˡᵉ de Ferrante (pastel).

Appartient à M. de Ferrante.

117. — L'Attente.

*Appartient à MM. G**.*

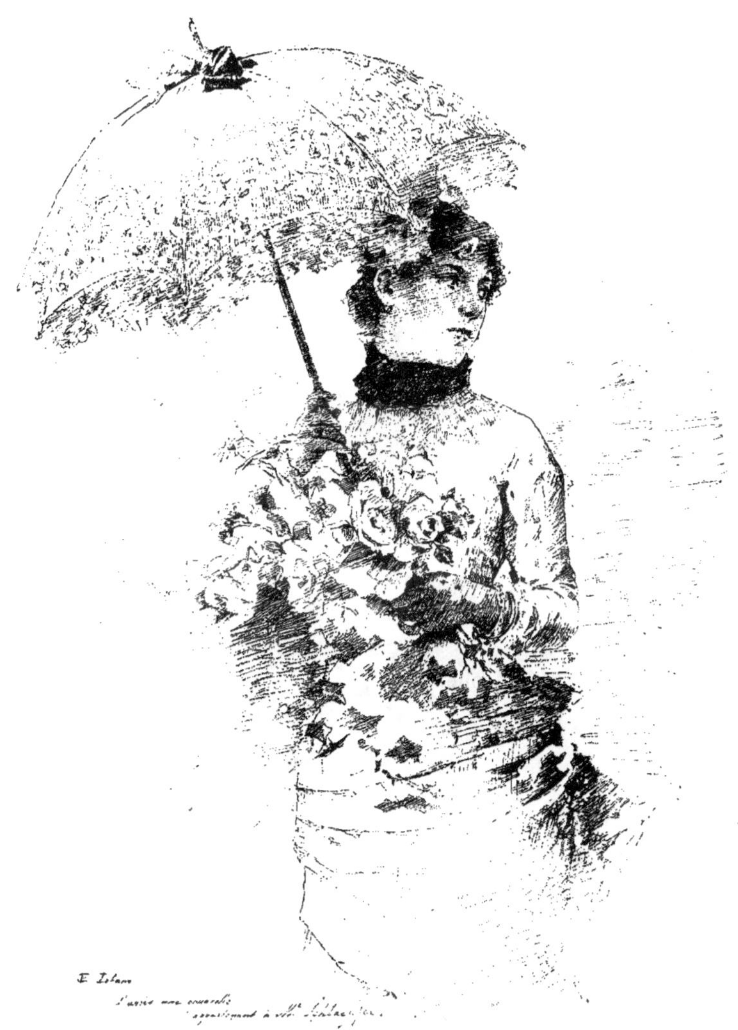

VAN BEERS

Impasse Hélène, villa des Artistes,
Avenue de Clichy.

———

118. — Les Marguerites.

119. — Portrait.

120. — A Ostende.

121. — Mélancolie.

122. — Alice.

123. — Jean.

124. — Modernité.

125. — Insouciance.

126. — Cora.

Appartient à M. O. Drion.

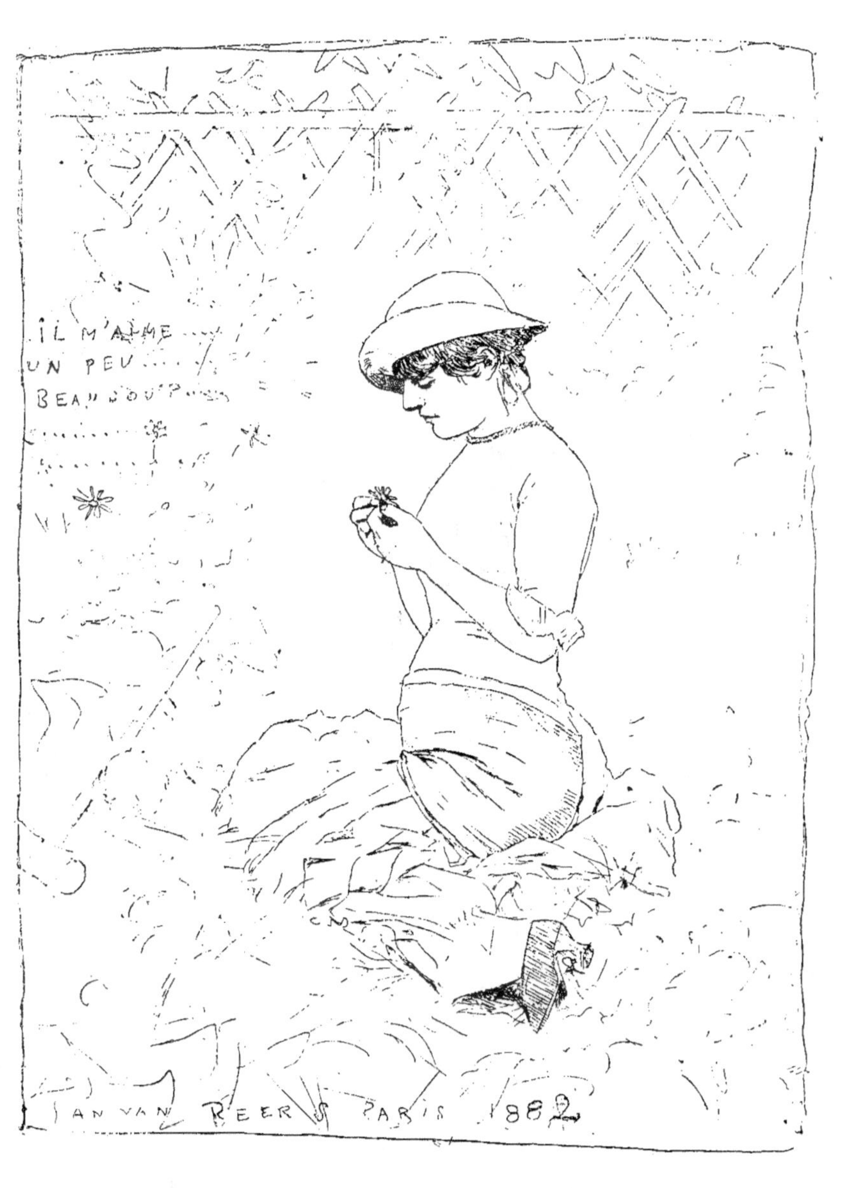

Jan van Beers Paris 1882

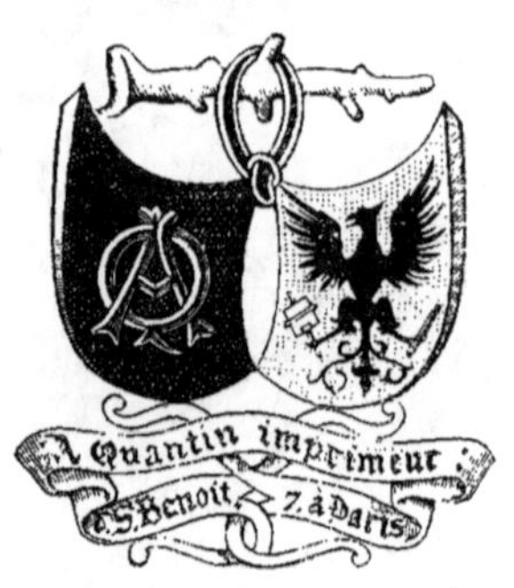

A Quantin imprimeur
S. Benoit 7 à Paris